AF450351

PAUL VERLAINE

DANS LES LIMBES

PARIS

LÉON VANIER, LIBRAIRE-ÉDITEUR

19, QUAI SAINT-MICHEL, 19

1894

DANS LES LIMBES

DE CE LIVRE

IL A ÉTÉ TIRÉ

20 exemplaires numérotés

sur Japon.

Ladislas Loëvy 88

PAUL VERLAINE

DANS LES LIMBES

PARIS

LÉON VANIER, LIBRAIRE-ÉDITEUR

19, QUAI SAINT-MICHEL, 19

1894

PRÉFACE

Ce livre est le dernier d'une série qui a assez duré pour le calme même de l'auteur, pour sa conscience littéraire et l'autre aussi !

On remarquera toutefois que le ton de : *Dans les Limbes,* est moins, beaucoup moins vif que celui des *Chansons,* des *Odes* et des *Élégies.* C'est bien l'apaisement du soir. Le poème finit par un dilemme que se pose l'auteur. Sera-t-il heureux enfin, oui ou non?

Eh bien, à travers mille ennuis, hésitations, jusqu'à la maladie qui s'en mêle, il lui semble que oui[1]. Donc, il doit se taire maintenant et

[1] *L'événement l'a trompé ou détrompé. Ce ne serait pas la première fois quant à ce qui le concerne et d'ailleurs il ne serait pas le seul homme dans ce cas. Mais qu'importe à l'art ?*

revenu par quel tour imprévu à de bonnes idées, ses vers proches, *Varia*, témoignent d'un grand changement pour le mieux, et d'un long, lent, mais sûr retour là où sonnent les cloches, toujours fidèles, — *l'Angelus oublié se souvient* — dans le soleil couchant, mais encore glorieux.`

D'ailleurs, je suis pour le moment tout à mon « Vive le Roy ! »

P. V.

Hôpital Broussais, 3 juillet 1893.

DANS LES LIMBES

I

Je vis à l'hôpital comme un bénédictin
Des vrais bons temps, faisant mon salut en latin,
Docte, pieux, ça va de soi, mais plutôt, dame !
Docte : l'on est bénédictin en Notre-Dame
D'abord, après le Père Éternel et Jésus,
Ensuite en saint Benoît, conformément aux us,
Puis, humblement, fils doux et soumis de l'Eglise,
Mère très tendre, en l'érudition permise.
Mais l'instant attendu survenant, on se prend
Ou plutôt se reprend à ne songer qu'au grand
But, le ciel par Benoît, Jésus et Notre-Dame
Dans le Père Éternel qui, si bon, nous réclame.

Ici je fais des vers, de la prose, et de tout
Pour toi, chéri, pour toi seule, et, fort jusqu'au bout,
J'attends, quand ma journée est faite, ta venue
Et tu viens, puissante et souriant, devenue
Une apparition presque à mon cœur tout coi,
Tout extasié,

    Car Notre-Dame, c'est toi.

Décembre 1892.

II

Hélas ! tu n'es pas vierge ni
Moi non plus. Surtout tu n'es pas
La Vierge Marie et mes pas,
Marchent très peu vers l'infini

De Dieu, mais l'infini d'amour,
Et l'amour c'est toi, cher souci,
Ils y courent, surtout d'ici,
Lieu blême où sanglote le jour.

Ils y courent comme des fous,
Saignant de n'être pas ailés
Puis s'en reviennent désolés
De la porte fermée à tous

Espoirs certains, et résistant
A tels efforts pour t'enfin voir
En plein grand jour par un beau soir
Mué tôt en nuit douce tant !

Ah ! Limbes où non baptisés
Du platonisme patient
Vont, pitoyablement criant
Et pleurant, mes désirs brisés.

Décembre 1892.

III

O tes manières de venir ! J'y mets du mien
Aussi, mais toi, que c'est gentil quand c'est du tien !
Oui, tes manières de t'y prendre pour venir
Me voir et m'étonner à ne plus en finir.
C'est tous les jours et du charmant et du nouveau
Sans cesse en équilibre et jamais de niveau
Hier je te voyais, derrière mon palier,
Descendre vivement le premier escalier
Pour remonter le mien de ton pas net et preste.
M'apercevant alors, quel prompt, quel joli geste
De sembler retourner, pour ne faire que mieux
Et mon plaisir et mon bonheur de pauvre vieux

I.

Encore vert en me sautant si fort, exprès,
Au cou, que j'en palpite très longtemps après
D'un tel bonheur, et, sarpejeu! de quel plaisir!

Aujourd'hui, comme tu tardais, moi de saisir
Ma plume, et la laissant débridée, et tournant
Le dos à la porte d'entrée, ô l'étonnant
Aspect, de travailler pupitrant mon lit même.
Encre, buvard, papier, tout à quelque poème,
Quand soudain, je sens un baiser comme un acier
Que, traîtresse, en mon cou tu plonges tout entier :
Et moi, je te le rends sur le cou par devant
Au lieu de par derrière ainsi qu'auparavant.
Question de position, — gosse, gamin —
Demain ce sera mieux encore, après-demain
Mieux encor.
              O petits, bonheurs de mon malheur!
C'est peut-être après tout ce qu'il est de meilleur,
Et j'oublie en ces jeux la volupté brutale,
Bonne certes, mais moins, qui sait? que l'idéale

IV

TOI

Bonjour.

MOI

Chéri!

TOI

J'arrive de bonne heure, pas?

MOI

Pas trop.

TOI

Tu n'es jamais content.

MOI

      C'est vrai, là-bas
On fait queue et c'est long. Puis aujourd'hui l'on fouille.
Je sais, jeudi ! Ça prend du temps.

TOI

       Et l'on farfouille
Et l'on trifouille, et toi, tu bafouilles. Le mieux,
Pour éviter tout ça, serait, mon pauvre vieux,
Moi, de ne plus venir ni jeudi ni dimanche.
Tiens, au fait, de ne plus venir du tout, bath flanche !

MOI

Méchante !

TOI

   Et comment va ?

MOI

   Mieux.

TOI

     Tant pis. l'Infernal !

MOI

Mieux depuis que t'es là.

TOI

Zut avec ton banal,

Ton vulgaire « depuis que t'es là »

MOI

C'est que, c'est que...

TOI

C'est que, c'est que, tu m'as l'air... c'est que... Zut ! avecque
Tes boniments toujours les mêmes.

MOI

C'est mon cœur

Qui parle. O oui ! Toi pas là, je meurs de langueur.

TOI

As-tu fini ?

MOI

Pourquoi toujours dure ?

TOI

Eh, je blague !
T'es bête, quand je ris, tu geins, toi, t'as du vague
A l'âme. Que c'est drôle ! Un homme comme toi
Qu'on dit spirituel, très bête auprès de moi.

MOI

Tiens, devant toi, j'ai comme peur...

TOI

Je suis si belle ?
Pour changer, tu reçois, dis, un tel, une telle,
Une telle, un tel, tu sais que je te défends
Absolument de les recevoir et te rends,
S'ils viennent, responsable, et, pour ta pénitence,
Tu ne me verras plus jamais.

MOI

J'...

TOI

O rouspétance
Détestable ! Ne réponds pas et fais le mort.
Je ne veux pas ici de ces gens-là.

MOI

D'accord.
Là, j'obéis.

TOI

Bien sûr ?

MOI

Oui.

TOI

Cette femme ignoble,
Je lui ferais une conduite de Grenoble
Telle qu'elle s'en souviendrait en Paradis !
Quant aux autres....

MOI

Je les consigne, je te dis.

TOI

C'est qu'avec toi je suis toujours sur le qui-vive.
T'es gentil quand moi là, moi pas là tout arrive !
Monsieur fait son fendant, il se laisse mener.
Il dit du mal de moi...

MOI

Çà, non !

TOI

Va donc crâner !
Mais assez — t'es mignon — de mines furieuses.
Embrasse... Et causons de choses plus sérieuses.

V

Tu m'as donne, non point à tort,
Mais certe avec juste raison,
Ce surnom d'Infernal, c'est fort
Bien : n'as-tu pas toujours raison ?

En effet, malgré la sincère,
Plus que sincère, entière amour
Que je te voue et tout entière,
Sincère que soit cette amour.

Mon caractère diabolique
Parfois ne sait pas abaisser
Un orgueil vraiment babélique
Qui, lui, ne veut pas s'abaisser.

Ah ! courbe-le, mon caractère,
Piétine-le donc sous le tien :
Mon cœur t'est là pour partenaire,
Mon âme est là pour ton soutien,

Mon cœur qui t'a donné ma vie,
Mon âme dont tu tiens les sceaux !
Pardon pour mes péchés d'envie,
De colère, et tous crimes sots.

D'ailleurs je les expie assez
Toutes ces mes infractions
Loin de toi, sauf en laps pressés,
Par de telles privations !

VI

Le lieu des adieux (pas éternels), — la saison
Dernière était au coin de la basse maison
Toute rouge — la tuile et la brique y fourmillent
(Vis-à-vis le gazon bordé de camomille)
Qui sert de local à des services divers.
Là l'heure ayant sonné de son timbre pervers,
Nous enjoignant de nous séparer tout de suite,
Hélas ! avant qu'hélas ! tu ne prennes la fuite,
Je t'embrassais si fort que toi tu ne pouvais
T'empêcher de rire aux éclats, et ne savais

Pour lors me refuser un baiser sur la bouche,

Un gros, frais, long baiser partagé, puis, farouche

Pour la forme — c'était presque en public, des yeux

Pouvaient nous voir, malins, ou, pis, officieux,

Des langues bavardes, et quel scandale ! et leste,

Cruellement, tu me quittais, instant céleste

Et diabolique, avec ces mots : « Je ne viens plus. »

Car, sachant bien que tu viendrais, irrésolus

Toutefois, mes désirs fous tantôt ivres d'ire

Et de larmes, tantôt pleins d'espoir à ton dire,

Se souvenant de la chère intonation

Et de la gentiment taquine intention,

Me balançaient dans une fausse inquiétude,

Jusqu'au lendemain, tendre amie au verbe rude.

VII

Aux tripes d'un chien pendu
Tu m'assimiles parfois,
M'engueulant de cette voix
Idoine à ce propos dû.

Tu me dis, robuste et grasse,
Assez souvent, qu'un beau jour
Ce sera si bien mon tour
Que le diable en crierait grâce !

Mon tour d'écoper, car tu
Ne te mouches pas du pied
Pour manier comme il sied
La gifle, et c'est ta vertu

De n'avoir pas peur d'un homme,
Fût-il fort comme un millier,
Et ton geste familier
Tu n'en es pas économe...

Ainsi nous nous disputons
(Tu me disputes du moins)
Prenant les dieux à témoins,
Sacrant, jurant, puis battons

En retraite l'un vers l'autre
Après tel combat fatal,
Distraction d'hôpital.
Bonne fille et bon apôtre,

En retraite, oui, nous battons

L'un vers l'autre et nous baisons

Sur la bouche et ces façons

Je les aime encor mieux que des coups de bâtons.

Décembre 1892.

VIII

Voilà bien le déjà quar tième jour de l'an
Que tu me vois ici : le premier c'était en ***.
Ah ! mon amour est vieux déjà de plus d'un lustre ;
Et comme un qui s'accoude à même tel balustre
Et paresseusement resonge aux biens, aux maux,
Aux insignifiants événements, faits, mots,
Pensers, de cette part quelconque de sa vie,
Ainsi, moi, je souffre à nouveau colère, envie,
Trahison : je jouis après des jours, des jours
Et des jours et des jours et des bonnes amours

Et des espoirs remplis jadis, et de la vie
Enfin ! et malgré trahison, colère, envie !

Mais de tous ces *memoranda* le meilleur c'est
Toi, quand ta forme, aimée à l'infini, glissait
D'un pas léger malgré la majesté du buste
Vers moi tout rassuré dès lors par ta voix, juste
Au point pour ma langueur loin de toi, douce voix,
Divine voix dont les gaietés sont des pavois
Où trônent mes désirs triomphals en cette heure.

La voix s'envole, mais le souvenir demeure.

1ᵉʳ janvier 1893.

IX

Des méchants, ou, s'ils aiment mieux, des indiscrets
Sinon des envieux que je pardonnerais,
S'ils ne te faisaient pas, bon chéri, de la peine,
Tant leur manège est nul, tant leur malice est vaine,
Ont essayé, même s'efforcent d'essayer
A nouveau de nous désunir, d'entre-bâiller
La porte à la querelle, au soupçon qui gourmande,
A la colère à qui lors, l'ouvrir toute grande,
Et qui rugit avec un couteau dans la main.

Honnêtes lagos, passez votre chemin.

Comme si ce n'était assez de mes misères,
Des ennuis de partout me griffant de leurs serres
En attendant de m'emporter je ne sais où,
Voici sortir je ne sais quels serpents d'un trou
Pour taquiner mes pieds clapotant dans leurs vases.
Heureusement, amie, ô toi, tu les écrases,
Femme bonne que le mépris arme et défend,
Femme bonne qui me défends comme un enfant,
Femme douce qui me souris, femme sublime,
O ma femme, qui recevras mon souffle ultime !

X

Ils ont rampé jusques ici,
Dans ces limbes où je soupire
Après toi lointaine, ô martyre !
Ils ont rampé jusques ici.

Guettant ta venue et l'instant
Propice pour, devant ma face,
T'insulter, limiers sur ta trace,
Guettant ta venue et l'instant.

T'insulter, or, c'est m'insulter
Au centuple, et certes pour ce
Ils auront lieu d'apprendre que
T'insulter, or, c'est m'insulter.

Viens, bien-aimée, et, va, vivons
En paix loin du monde imbécile :
« La vie est là, simple et tranquille »
Viens, bien-aimée et, va, vivons !

XI

O tu n'es pas une savante
Et je t'en félicite fort,
Et je t'en loue et je t'en vante,
Et qui me censure il a tort,

Car ta finesse toute nue
Sans vains mots et sans gestes faux,
Car ta ruse mieux qu'ingénue,
Car ta rouerie aux plans nouveaux.

Car jusqu'à ta « méchanceté, »
Comme ces bons pantes-là disent,
Nous défendent de leur bêtise...
Ta méchanceté ? ta bonté !

Car ces vertus d'entre les tiennes,
Me vont mieux, te vont mieux aussi,
Bien qu'on n'en chante pas l'antienne,
Que d'autres fleurant de moisi.

Ils disent encor, les gens,
Que tu n'es pas intelligente,
Eux, ce qu'ils sont intelligents,
C'en est une chose touchante,

Il paraît que tu ne comprends
Pas les vers que je te soupire,
Soit ! et cette fois je me rends !
Tu les inspires, c'est bien pire.

XII

Oui, tu m'inspires, Muse et que non pas Musette !
Philomène et non pas Lisette, Philomène
Telle quelle, « nature », et parbleu ! très humaine
Et très divine aussi, très déesse, mazette !

Ma Philomène avec du bon sens dans sa tête
Et de la fantaisie au cœur, de la meilleure
Et du meilleur bon sens, celui qu'à la male heure
Sollicite le mien de bon sens de poète !

3.

Ta fantaisie elle est immense, active, ardente,
Gaîté mêlée à de sombre mélancolie.
Quelle chaude gaîté quand ton chagrin s'oublie.
Ce chagrin qui pudiquement rêve en sa tente.

Quant à ta bonté, c'est ma vie et c'est mon être
Sans elle je languis dans ma fade ironie.
Par elle je retrouve, en une aube bénie
Toutes naïvetés où le jour va renaître,

Le beau jour baptismal de mon adolescence !
Tu me rends la jeunesse et les belles folies,
O muse mienne, ô femme mienne, tu délies
Et ma langue et mon âme.

                              O plus, dis, plus d'absence !

XIII

J'ai dit jadis que l'absence

Est le plus cruel des maux,

On s'y berce avec des mots,

C'est l'horreur de l'impuissance

Sans la consolation

Du moins de quelque caresse,

On meurt sans qu'il y paraisse

On est mort, dis-je, et si on

Feint de respirer encore,
C'est bien machinalement.
O ce découragement
A voir se lever l'aurore.

Or, depuis que dans ces lieux
Je souffre, — dès toi venue, —
Par quelle force inconnue,
Allé-je infiniment mieux ?

C'est l'histoire de l'éphèbe
Mourant de la vierge au loin !
Qu'elle arrive et soit témoin,
Comme il nargue et fuit l'Érèbe !

Et tant que j'y resterai,
Accours en ce limbe blème :
Moi qui déjà t'aime et t'aime,
O que je t'adorerai !

XIV

C'est fait, littéralement je t'adore !
On adore Dieu, créateur géant.
Or ne m'as-tu pas, plus divine encore,
Tiré de toutes pièces du néant?

Dieu que je bénis puisqu'il est le Père
Du moins pour nous faire avait mieux que rien
Toi tu n'avais rien, mais rien pour me faire
Tel que me voici, ta chose et ton bien.

Rien, pas même du limon comme l'Autre.
Je m'étais éventé dans le Pédant
Plus que mort, pas né, brume qui se vautre
Aux fondrières d'un art décadent.

Fantôme perdu dans des fantaisies,
Fantasques, hélas ! moins encor que quoi
Que ce soit qui fût, vacantes, moisies.
Ah ! c'était du propre et du beau que moi !

Tu parus ! Je naquis sous ta prunelle.
Du sang me battit, de la chair me vint,
Par degrés rapides une éternelle
Amour m'investit qui vivait pour vingt.

Amour de latrie et d'idolâtrie
Où s'épura mon pauvre orgueil lettré.
Où la vérité rude, mais chérie
A force de bonté m'a retiré.

Du rêve égoïste et me fait le frère,

Non, le serf que tu daignes fraternel,

L'esclave de ta volonté sévère

A juste titre en son vœu maternel

Presque, puisque tu me diriges, guides,

Protèges encontre le monde, aussi

Contre moi-même, ô trop, que trop rapides

Délices ! Conjugal, ce vœu si tien ! Si

Que je peux dire, moi, que je t'adore,

Toi qui, comme le Créateur géant,

M'as, plus puissante et meilleure encore,

Tiré de toutes pièces du néant.

XV

Je blasphémais Dieu, c'est le Père et le Maître,
Tous deux venons de lui, c'est la source de l'Être
Et je ne t'aime autant que par sa volonté.
Jésus a sur la croix d'avance racheté
Mes péchés — et les tiens, car tu pèches, chérie,
Bien qu'à mes yeux qui te sont toute idolâtrie,
Tes fautes soient encor de justes actions ;
Mais mes yeux ne sont pas des yeux d'ange : prions
Donc qu'il nous soit donné dans la paix que procure
La conscience de bien faire, la foi pure

Et simple, de façon à vivre — saintement?
Hélas, non ! mais, du moins, gentiment, bontément,
Afin que le prochain qui voit nos calmes joies
Et nos calmes chagrins et nos cœurs plus les proies
Comme autrefois, de ces torts affreux et cruels,
S'édifie, à défaut, nous laisse à nos réels
Soins d'être heureux seuls et nous imite... à distance.

Vive, oui, n'est-ce pas, vienne cette existence!

XVI

Hélas! je crains fort pour nous deux
Avec nos fichus caractères,
Des avalanches, des cratères
Mieux que fous, pis que hasardeux.

Un zeste de raison nous reste
Pour prévoir et, par conséquent,
Pour aimer et chercher le qu'en-
Dira-t-on, et : zut pour ce zeste !

Grasseye en gamin de Paris
Ce notre caprice moins bête
Encor que méchant quoique honnête,
Et qui fait tout de nos esprits.

Soit, plus de bride, à l'aventure,
Liberté, libertas, et, sans
Davantage ennuyer nos sens
De réserves contre nature.

Allons-y d'une noce en tout,
L'amour, l'ivresse et tous les vices
Amusants, et tous les sévices,
Rendons-nous-les dès mis en goût.

Tous les services aussi, folles
Caresses et coups bien tapés,
Défonçons tous les canapés,
Toutes les querelles frivoles

Et cruelles, payons-nous-les !
Bécotons-nous, puis tue, assomme !
Montre-toi femme, je suis homme,
Griffe, je cogne. O pleurs salés.

Cris, jurons! et ô tendres plaintes,
Sueurs dives, salives bien!...
Or, mettant du tien et du mien,
L'un dans l'autre sans plus de craintes

D'en mal finir, lâche souci,
Bah, vivons tels quels, car le pire,
Pour moi du moins, serait de dire
Un jour : elle n'est plus ici !

Si l'on doit vivre mal ensemble,
Eh bien, vivons mal ensemble, ou
Mourons ensemble, car, seul, où,
Comment vivre sans toi? J'en tremble.

Ainsi, sur mon lit d'hôpital
Je m'agite en propos stériles.
Là ! mes rêves, dormez tranquilles,
Elle va venir, c'est fatal,

C'est écrit, c'est la Destinée ! —
Et, comme elle est toute bonté,
La voici dans sa majesté
De reine mienne ramenée.

XVII

Un fiacre, demain, à huit heures
Du matin, nous emportera
Tous deux bien loin de ces demeures
Devers tous les etcœtera

De la vie enfin reconquise,
Bonheur, malheur, et toi toujours !
Car tu m'es la fête promise
Ou le saut aux abimes sourds.

Cette fois comme les dernières
Tu me jures bien d'en finir
Avec tes mœurs aventurières
Et de ne plus y revenir.

Est-ce encore de la faiblesse
Ou pressentiment de ma part ?
Il me semble que ta promesse
D'aujourd'hui d'un cœur loyal part.

Pourtant tes yeux noirs, ô ma brune.
De leur regard méchant et bon,
Mystérieux comme la lune,
Ne me disent ni oui, ni non,

Et le sourire qui te pare,
Parfois semble avoir hésité
Entre une malice barbare
Et la plus naïve gaieté.

Si tu savais ce que je souffre
Dans ce misérable suspens,
Me balançant des cieux au gouffre,
Du gouffre morne aux cieux flambants,

Des cieux flambants de toutes joies
Au gouffre plein d'ombre et de mal,
Tu pitoierais — et tu pitoies ? —
Ce pauvre vieux dit l'Infernal.

Qu'importe, allons ! ô toi le maître
Et la maîtresse. Il est demain,
L'heure a sonné, vite au Peut-être
Dont ton caprice est le chemin.

TABLE

—

ÉVREUX, IMPRIMERIE DE CHARLES HÉRISSEY